SÁCALE PARTIDO AL FEEDBACK CONSTRUCTIVO

Los trucos para aprender a criticar y a ser criticado

Por Véronique Bronckart

Traducido por Laura Soler Pinson

PARA IR MÁS ALLÁ   30

EL *FEEDBACK* CONSTRUCTIVO

- **¿Problemática?** Aceptar la crítica no siempre es fácil, como tampoco lo es saber hacerla sin herir u ofender a la persona. ¿Qué técnicas emplear para dar un *feedback* eficaz y constructivo? ¿Cómo sacar lo mejor de una crítica?
- **¿Utilidad?** Los *feedback*, fundamentales para ti y para tus empleados, permiten que el que los recibe evolucione, mantenga o corrija un comportamiento para alcanzar un objetivo fijado.
- **¿Contexto profesional?** Gestión de equipo, competencias relacionales, desarrollo personal.
- **¿Preguntas frecuentes?**
  - ¿En qué consiste un feedback?
  - ¿Cuándo debo dar un feedback?
  - ¿Qué tono debo adoptar para que mi feedback tenga una buena acogida?
  - ¿Qué etapas debo seguir?
  - ¿Cuál es la diferencia entre un feedback y un juicio de valor?
  - ¿Cuáles son los errores que no debo cometer?
  - No acepto bien las críticas, ¿cómo hago para recibir correctamente un feedback?
  - La persona a la que me dirijo es muy susceptible, ¿cómo hay que proceder para que acepte el feedback?
  - ¿Cómo me aseguro de que mi feedback ha sido eficaz?
  - ¿Se pueden tratar todos los temas en un feedback?

En una sociedad en la que se habla cada vez más de eficacia y de evolución, es fundamental que recibamos observaciones acerca de nuestro trabajo para darnos cuenta de nuestros puntos fuertes, de nuestros puntos débiles o, simplemente, de nuestro margen de mejora. Sin embargo, si el *feedback* no forma parte de las costumbres de la empresa en la que trabajas, ¿cómo hacerle entender a un empleado o a un compañero que su actitud o sus métodos de trabajo no son adecuados sin ofenderlo? ¿Cómo felicitar a una persona sin que después se duerma en los laureles? En este mismo orden de ideas, ¿cómo aceptar la crítica de otros de manera constructiva? Pon remedio a esta situación e implementa esta práctica en tu entorno profesional. Por cierto... ¿en qué consiste exactamente un *feedback*?

Este libro te invita a descubrir en 50 minutos las reglas de oro para dar y también recibir un *feedback* constructivo, de manera que este último se convierta en un instrumento de orientación y de motivación para los profesionales. Puesto que obtener una opinión sobre el rendimiento permite que los empleados mejoren y ofrece perspectivas de desarrollo, te presentamos nuestros trucos para que puedas sacar provecho de este tipo de intercambios.

EL ABECÉ DE UN *FEEDBACK* EFICAZ

¿Qué es un *feedback*?

TERMINOLOGÍA

Este término, del inglés *feed* («alimentar») y *back* («atrás»), significa en español «retroacción». Podríamos definirlo como un proceso que tiene por objetivo provocar una acción correctora en sentido contrario. Esto permite poner de relieve los puntos fuertes y débiles que aparecen en un momento dado, así como las ideas para mejorar que deben ser tomadas en cuenta.

Un *feedback* es un balance que se destina a una persona o a un grupo de personas sobre un proyecto llevado a cabo, una acción efectuada en un momento dado. El objetivo de estas observaciones es el de actuar sobre las acciones venideras ajustando ciertos detalles o reforzando su alcance. El *feedback* le brinda a un jefe la ocasión de notificar su reconocimiento a un empleado o a un equipo: es el momento de felicitar a una persona por el trabajo realizado. Existen dos maneras de proceder para realizar estos comentarios:

- verbalmente, expresando claramente nuestra opinión. A esto lo llamamos «*feedback* directo»;
- no verbalmente, con un gesto o con un silencio. Esto será

simplemente un «*feedback* indirecto» que aprueba el comportamiento del otro.

Para que el *feedback* sea eficaz, debe transmitirse de manera rápida y regular tras los hechos en cuestión, manteniendo una cierta neutralidad. Es preferible hacerlo cara a cara, en un lugar tranquilo. El *feedback* nunca debe servir para juzgar o intentar modificar la naturaleza del individuo, puesto que esto podría llegar a ofenderlo o provocar que se ponga a la defensiva. ¡El *feedback* no es una crítica ni un castigo! No se trata de exteriorizar el descontento de manera violenta; el objetivo del proceso es que el interlocutor acabe dándose cuenta de sus errores, de su margen de mejora o de lo que se espera de él.

El *feedback* se basará siempre en hechos y servirá para que una persona mejore sus competencias, su comportamiento y, por lo tanto, su rendimiento. Por consiguiente, debe ir acompañado de objetivos claros y precisos para que la persona entienda por qué debe modificar su enfoque o reforzar sus competencias en algún ámbito.

Los cuatro tipos de *feedback*

Distinguimos cuatro tipos de *feedback* cuyos efectos varían dependiendo de la persona que los recibe. Se recomienda el *feedback* de refuerzo y el correctivo, mientras que se debe evitar el *feedback* halagüeño y el provocador.

- ***Feedback* de refuerzo** (positivo y específico): se felicitan los actos y se anima a la persona a que continúe por ese camino. Aumenta la autoestima y apela a que la persona mantenga su comportamiento.

> **Ejemplo**
>
> «Luc, me gusta que le des prioridad a este expediente. Debe estar acabado para esta semana y, sin tu colaboración, no sería posible. Sigue tomando iniciativas de este tipo».

- *Feedback* **correctivo o constructivo** (negativo y específico): se critican los actos de manera positiva para que sean optimizados. Protege la autoestima y solicita la mejora del comportamiento.

> **Ejemplo**
>
> «Élise, me he dado cuenta de que has llegado tarde tres veces en lo que va de mes. Eran siempre retrasos de 10 o 15 minutos, por lo que creo que puedes encontrar fácilmente una solución para acabar con esta situación».

- *Feedback* **halagüeño** (positivo y que evoca una generalidad): se emite en cualquier momento y sin razón alguna. Despierta la desconfianza y disminuye la autoestima. La persona se sentirá en deuda por algo.

> **Ejemplo**
>
> «Tom, ¡eres el mejor! Sé que siempre puedo contar contigo».

- *Feedback* **provocador** (negativo y no específico): se trata más de un juicio que de un *feedback*. Disminuye en gran medida la autoestima y puede provocar bloqueos.

> **Ejemplo**
>
> «Siempre he pensado que no podía fiarme de ti, y hoy me lo vuelves a demostrar. ¡Eres un inútil!».

	Feedback de refuerzo +	Feedback correctivo o constructivo -	Feedback halagüeño +	Feedback provocador -
Sobre el comportamiento «HACER»	«Me gusta que te encargues de este expediente y que tomes iniciativas, nos es de gran ayuda». «Tu intervención en la reunión de ayer ha resultado ser muy eficaz, nos ha permitido avanzar con el expediente». «Me gusta la manera en la que has redactado este informe».	«He constatado que llegas tarde con frecuencia». «He observado que tus carpetas no están guardadas en el lugar correcto». «Tu informe sobre la obra no está completo y es impreciso».	«¡Haces un buen trabajo!». «Has gestionado muy bien la situación, ¡como de costumbre!». «Siempre gestionas bien tus expedientes».	«Tu intervención ha agravado la situación, ¡nunca haces nada bueno!». «Tu informe no vale para nada». «¡Tu despacho es una leonera!».
Sobre la persona «SER»	«Valoro tus competencias en este ámbito». «Tu reacción de esta mañana frente a este caso particular era más que apropiada y nos ha permitido evitar una catástrofe». «Aunque no estoy completamente de acuerdo, tu opinión sobre este expediente me parece interesante».	Un *feedback* correctivo jamás se centra en la persona.	«¡Qué valiente eres!». «No se puede negar lo eficaz que eres». «¡Eres el colaborador ideal!».	«¡No sirves para nada!». «¡Tu comportamiento es inaceptable!». «¡Eres una catástrofe para esta empresa!».

La eficacia de un *feedback*

El *feedback* es una herramienta indispensable si deseamos evolucionar con ajustes progresivos y alcanzar los objetivos fijados. Es un instrumento de comunicación, de medida y de seguimiento del rendimiento.

Efectivamente, nos permite saber en qué punto estamos, si actuamos bien o mal frente a una situación. Así, destaca los puntos que debemos mejorar para no fracasar.

Para transmitir un *feedback* de manera óptima, es necesario:

- avisar a la persona para que se prepare para recibir nuestro *feedback*;
- atenerse a los hechos y describir las acciones efectuadas y/o los comportamientos observados;
- explicar las consecuencias del punto anterior;
- pedir a la persona que siga actuando de la misma manera si se trata de un *feedback* de refuerzo. Esto nos asegura la continuidad de esta actitud;
- no imponerle cambios si se trata de un *feedback* correctivo, sino proponerle que encuentre él mismo una solución.

Un *feedback* positivo responde a las necesidades de reconocimiento y de pertenencia de tu interlocutor. Esto lo animará a seguir en una vía positiva. Efectivamente, tal y como se menciona en la pirámide de Maslow (psicólogo estadounidense, 1908-1970), las necesidades fundamentales del ser humano están jerarquizadas en función de su importancia. Si seguimos esta lógica, es indispensable que la necesidad del nivel inferior de la pirámide esté satisfecha para poder pasar a la necesidad superior.

Pirámide de Maslow

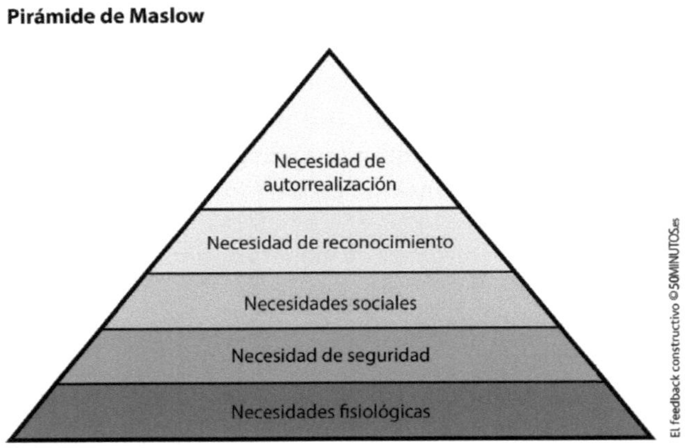

Si nos basamos en este hilo conductor, observamos que el *feedback* positivo constituye una herramienta real de motivación. Efectivamente, cuando analizamos la pirámide de necesidades, nos damos cuenta de que el reconocimiento y la valoración de las competencias constituyen un motor innegable de motivación. Sin este reconocimiento, el individuo estima que cada vez es menos necesario esforzarse y se va desmotivando de forma progresiva. Por el contrario, si se identifica y destaca la implicación del individuo, este tenderá a considerar que se valoran sus esfuerzos y que vale la pena continuar por esa senda.

EL ARTE DE PRESENTAR UN *FEEDBACK* CONSTRUCTIVO

La preparación

Antes de llevar a cabo un *feedback*, hay que establecer el momento y el lugar oportunos para comunicarlo.

- **El momento oportuno.** Se aconseja iniciar la conversación con los empleados en cuestión rápidamente tras los hechos constatados, para que las opiniones cobren todo su sentido y tengan el efecto deseado. Si se comunica tres meses después, hay muchas posibilidades de que el *feedback* sea ineficaz: seguramente tu interlocutor ya habrá olvidado de qué hablas y no entenderá tus explicaciones.
- **El lugar adecuado.** También es muy importante elegir un lugar adecuado. No resulta cómodo para ti ni agradable para tu interlocutor recibir un *feedback* durante una comida con colegas, o delante de la máquina del café durante la pausa. Fija una reunión con la persona en cuestión en un momento preciso y en un lugar neutro. Avísala con antelación para que no se vea sorprendida y se bloquee.

Además, dirígete directamente a la persona que va a recibir el mensaje; dicho de otra manera, no utilices a un intermediario (un compañero o un jefe de equipo, por ejemplo) para transmitir tu *feedback*, puesto que puede deformar tu idea o no comunicarlo todo. Evita basarte en comentarios de terceros y asegúrate de que es tu interlocutor quien ha efectuado la acción de la que vas a hablar.

Enunciar la situación

La primera etapa de un *feedback* eficaz consiste en restituir con detalle el contexto en el que se han constatado los hechos. Efectivamente, es necesario recordar a tu interlocutor de manera clara y concreta la situación en la que se ha observado el comportamiento o la acción. Asegúrate de que se acuerde y que entienda de qué hablas.

Si le dices: «Este lunes por la tarde, durante la reunión con el proveedor Durant, he observado que...», tu interlocutor identificará inmediatamente a qué haces alusión y te escuchará atentamente. Sin embargo, si empiezas por «Durante la reunión, he observado que...», tu interlocutor tendrá que pararse a pensar para recordar la reunión de la que hablas y te escuchará a medias.

La actitud que debe adoptarse

Un *feedback* trata siempre acerca del análisis de un comportamiento o de una acción y no constituye un juicio de valor. Muéstrate tan neutro y empático como sea posible. No manifiestes tu posible descontento de manera impulsiva o agresiva, puesto que puedes agravar la situación. Si te muestras objetivo mientras das tu punto de vista, que tendrá que estar basado en hechos irrefutables, tu interlocutor estará más abierto y predispuesto a acoger el *feedback* de manera positiva. Emplear un lenguaje puramente descriptivo facilitará la tarea.

Enséñale a tu interlocutor que quieres ayudarlo, no castigarlo. Haz que se sienta cómodo. El *feedback* no debe ser un monólogo: también tienes que mostrarte dispuesto a escuchar. Deja que se exprese y que dé sus explicaciones, sus opiniones y sus sensaciones con respecto a esta situación.

Para acabar, intentad encontrar juntos ideas concretas y realistas de mejora. Al favorecer el intercambio y al implicar a tu interlocutor, estás provocando que se sienta menos amenazado y tomará conciencia de los cambios que deben producirse. Si le dices «Me he dado cuenta de que, de un tiempo a esta parte, tus expedientes no están ordenados y se pierden. ¿Puedes decirme qué vas a hacer para resolver este problema?», la persona se mostrará más receptiva y susceptible de modificar su comportamiento. Pasará lo contrario si lo atacas con frases como «Tus expedientes no están nada ordenados, ¡y eso me irrita!».

Comunicar el mensaje

No comuniques el mensaje de buenas a primeras. Empieza con una pequeña introducción, como «¿Puedo decirte...?» para llamar la atención de la persona en cuestión.

Tu mensaje debe ser corto, claro y preciso. No se trata de

filosofar sobre el cómo y el por qué. Evita alargar tus explicaciones basándote, por ejemplo, en otras experiencias similares que hayas vivido. Recuerda los hechos observados con palabras sencillas y precisas, con una actitud tranquila, no agresiva. Se trata sobre todo de describir el comportamiento observado (positivo o negativo) y las consecuencias a las que ha llevado.

Asegúrate de que tu interlocutor entiende bien tu mensaje para evitar malentendidos. Termina tu intervención:

- animando a tu interlocutor en el caso de un *feedback* correctivo;
- felicitándolo si se trata de un *feedback* de refuerzo.

Definir un objetivo claro

Explica a la persona el impacto que su comportamiento ha tenido en ti y en tu empresa. No se trata de hacerle sentir culpable, sino más bien de que tome conciencia de sus actos y de sus consecuencias para animarle a mejorar. Define un objetivo claro y asegúrate de que tu interlocutor haya entendido tus expectativas y los nuevos retos. Si no es así, corre el riesgo de no ver el interés de cambiar. Ofrécele la posibilidad de presentar sus posibles propuestas de mejora. Si no tiene ninguna, conversad acerca de ello y fijad juntos las acciones que deben llevarse a cabo. A continuación, aprueba las decisiones que habéis tomado conjuntamente y manifiesta de nuevo tu apoyo.

Ejemplo
«De aquí en adelante, probarás tus salsas antes de servirlas

Seguir la evolución

El proceso que respalda el *feedback* se desarrolla a largo plazo. Efectivamente, es posible que tu interlocutor necesite tiempo para mejorar cualitativamente: hay que ser paciente. Por eso, después de vuestra conversación, asegúrate de su impacto. ¿Observas una evolución positiva en el comportamiento de tu interlocutor? Si la respuesta es «no», comprueba que este último ha entendido correctamente tu mensaje y, si es necesario, pídele de nuevo que implemente las acciones de mejora.

GUIÑO DEL EMPLEADOR

La tendencia nos muestra que los jefes emplean con más frecuencia el *feedback* para criticar. Sin embargo, es igual de importante felicitar a los empleados cuando lo merecen y animarlos a seguir por el buen camino.

Los errores que no deben cometerse

No es fácil llegar a presentar un *feedback* eficaz, productivo y que tenga una buena acogida. Y es que, en la mayoría de los casos, tenemos miedo a expresarnos mal, a que nuestra opinión sea malinterpretada y sea considerada como un reproche. También tememos decir cosas de las que podríamos arrepentirnos más tarde y que podrían enturbiar las relaciones profesionales.

Errores cometidos	Lo que no hay que decir	Lo que hay que decir
Emitir un juicio de valor: El error que más a menudo se comete es el de emitir un juicio de valor sobre el individuo y no sobre el acto. Esto se parece más a una crítica (no constructiva). Si expresas tus expectativas de una manera demasiado directa e impulsiva, corres el riesgo de que tu interlocutor se ponga a la defensiva. Se tomará tu feedback como un ataque personal y se sentirá obligado a justificarse y a dedicar su energía a defenderse. Eso reduce drásticamente las posibilidades de que lleguéis a una conversación positiva y constructiva.	«Tienes que aprender a trabajar en equipo». «¡No sabes trabajar en equipo!».	«Tu manera de trabajar en equipo no es la ideal. Deberías mejorar este punto».
No ser lo suficientemente directo: Si presentas tu petición en modo interrogativo, puede que tu interlocutor lo malinterprete. Puede reaccionar mal o, simplemente, no tomar en cuenta tu requerimiento.	«¿Crees que podrás estar más atento y mostrarte más reactivo durante nuestra próxima misión?».	«Me gustaría que te mostraras más atento y reactivo en nuestra próxima misión».

Errores cometidos	Lo que no hay que decir	Lo que hay que decir
Ser demasiado impreciso: Tu interlocutor no entenderá por qué le transmites esa información en ese momento preciso, ni tampoco qué esperas de él. Si deseas que esta persona siga siendo eficaz, tienes que explicarle claramente por qué lo felicitas, qué ha hecho bien y qué comportamiento tiene que favorecer.	«Has hecho gala de sentido común». «Has manejado el asunto Peeters de manera fantástica».	«Con respecto al caso particular de esta mañana, has hecho gala de sentido común». «Las correcciones que has añadido en el asunto Peeters son muy constructivas. Nos permiten evitar ciertos problemas administrativos en el futuro».
Ser demasiado largo: Es obligatorio delimitar la extensión de las ideas de tu *feedback*. Es inútil comparar la situación con tu experiencia personal, ofrecer una gran cantidad de consejos o intentar resolver otros problemas que no guardan ninguna relación. No sumerjas a tu interlocutor en un mar de datos superfluos, puesto que le costará asimilarlos y digerirlos para sacar provecho.	«Aunque ya sé que no siempre es fácil reaccionar ante tales situaciones, creo que los comportamientos de ciertos miembros de este equipo no siempre son adecuados, y esto nos ha causado perjuicios en... Yo también me acuerdo de...»	«El comportamiento de Paul y de Pierre durante la reunión de crisis de ayer no fue adecuado y ha causado daños a nuestra empresa» (puedes desarrollar más este punto explicando por qué).

Errores cometidos	Lo que no hay que decir	Lo que hay que decir
Utilizar la ironía: Si la empleas con tu colaborador que llega tarde a una reunión, no tendrá ningún efecto positivo, puesto que puede que no se dé cuenta del alcance de su comportamiento. Este tipo de *feedback* se emite, por lo general, cuando nos sentimos incómodos ante una situación y nuestras palabras se adelantan a nuestros pensamientos.	«Como siempre, ¡puntual!».	«Me gustaría que llegaras a la hora para las reuniones. Es una falta de respeto hacia tus compañeros y hacia tus clientes» (se comunicará tras la reunión, en una conversación privada).
Amenazar: Decir a alguien que su puesto está en juego no incita a la persona a mejorar su comportamiento, dado que no entiende los hechos que se le reprochan. Al contrario, esto solo puede desmotivar al individuo y agravar la situación.	«Con un comportamiento como el tuyo, no vas a poder progresar en nuestra empresa».	«Sería acertado que modificaras tu comportamiento. Esto te ayudará a progresar en nuestra empresa».
Esconder la crítica negativa entre dos comentarios positivos: Esto parte de una buena intención de querer empezar y terminar un *feedback* con una nota positiva para tranquilizar a tu interlocutor. Sin embargo, tu mensaje no tendrá la acogida esperada, ni será comprendido como crees. En efecto, tu interlocutor lo interpretará como una maniobra por tu parte para hacer un comentario negativo y se quedará únicamente con este aspecto de tu mensaje. Decir las cosas claras sin dar rodeos es la mejor solución.	«Sé que eres una persona con la que se puede contar, pero estoy decepcionado por tu eficacia durante la semana pasada, a pesar de que soy consciente de que haces todo lo necesario para que todo salga perfecto».	«Me ha decepcionado tu eficacia durante la semana pasada».

Errores cometidos	Lo que no hay que decir	Lo que hay que decir
Utilizar una generalidad: Al escuchar palabras como «siempre» o «jamás», tu interlocutor se pondrá a la defensiva, puesto que pensará en todas las veces en las que no ha hecho lo que le reprochas.	«Nunca debes darles la espalda a tus clientes».	«Cuando llamas por teléfono a un compañero para pedirle una información para un cliente, no le des la espalda a este último, puesto que puede interpretarlo como una falta de respeto».
Basarse en la opinión de los demás: Tu interlocutor se mostrará desconcertado si presentas afirmaciones que no vienen de ti. Intentará identificar a los compañeros que han emitido esas ideas y guardará rencor. Estará a la defensiva y no se concentrará en tus comentarios, por lo que corre el riesgo de no escuchar tu mensaje.	«Me han dicho que no has participado en la reunión de manera constructiva».	«Cuando leo este informe, me parece que no has participado en la reunión de manera constructiva».
Meter los asuntos privados: Al analizar la situación actual del interlocutor o las razones psicológicas de un comportamiento te arriesgas a equivocarte en los problemas de tu interlocutor. Por supuesto, no resulta productivo meterte en la vida privada de tu interlocutor. Al contrario, este puede albergar un cierto rencor hacia ti y hacia tu *feedback*.	«Tu divorcio no tiene que tener ningún impacto en la eficacia en el trabajo».	«Observo que hay una pérdida de eficacia en tu trabajo en estos últimos tiempos».

EL ARTE DE RECIBIR Y DE ACEPTAR UN *FEEDBACK*

Aunque tendamos a achacar la responsabilidad del *feedback* al que lo emite, es igual de importante que la persona que lo reciba esté preparada para escucharlo, para comprenderlo y para aceptarlo. No solemos aceptar bien la crítica, y esto a menudo se debe a una falta de confianza en uno mismo. Para que la reunión sea lo más constructiva posible, es necesario que su destinatario no se cierre y te escuche activamente.

Trucos

- Muéstrate receptivo y abierto para recibir los comentarios de manera positiva. Evita formarte un juicio demasiado precipitado e intenta no tomarte las críticas como algo personal. Concéntrate sobre lo que se está diciendo, deja que la persona acabe lo que tiene que comentarte.
- Escucha con atención para entender la situación en su conjunto y para aportar a continuación matices y puntos de mejora.
- Es inútil adoptar una postura a la defensiva o justificarse por todo. En efecto, incluso si no se está de acuerdo con el *feedback* recibido, es preferible precisar únicamente las informaciones que juzgues necesario. Esto evitará que caigas en un diálogo en el que cada uno intenta saber quién tiene razón y quién no.
- Asegúrate de que lo has entendido todo. Si hace falta, pide aclaraciones para no interpretar las ideas que se han emitido. La persona que te da el *feedback* apreciará la seriedad con la que abordas la situación.
- Si la crítica es injustificada, no dudes en hacérselo saber con tranquilidad. Intenta que entienda tu punto de vista sin ponerte a la defensiva.
- Para evitar reacciones «en caliente», toma distancias. Explícale que necesitas un momento de reflexión.
- Incluso si te sientes atacado durante el *feedback*, no añadas más leña al fuego, ya que solo empeorarías la situación. Intenta entrever a dónde quiere llegar tu

interlocutor. Aunque esté equivocado en ciertos puntos —nadie es perfecto—, es posible que tú también lo estés.

- Si eres susceptible por naturaleza, recuerda que el *feedback* está hecho para ayudarte a avanzar, a que mejores. Recibir una crítica no significa que hayas fracasado, sino más bien que tienes potencial para ir más allá.

La ventana de Johari

Si el *feedback* se entiende y se acepta, puede derivar en numerosos beneficios, empezando por un mejor conocimiento de uno mismo. Solo tenemos una visión parcial de nosotros mismos, pero, afortunadamente, esto puede arreglarse gracias a las personas que nos rodean. Cuando recibamos sus críticas, visualizaremos mejor nuestros defectos y nuestras cualidades. A largo plazo, esto hará que aumente la confianza en uno mismo.

Creada en 1955 por Joseph Luft (1916-2014) y Harrington Ingham (1914-1995), dos psicólogos estadounidenses, la ventana de Johari es una herramienta que permite ilustrar el conocimiento que tenemos y que los otros tienen sobre nosotros.

Área pública Conocida por mí y por los otros	**Área ciega** Conocida solo por los otros
Área secreta Conocida solo por mí	**Área desconocida** Desconocida por mí y por los demás (nuestro inconsciente)

Cuando aceptas recibir un *feedback* en tu área ciega, descubres puntos débiles (y fuertes) de los que quizás no eras consciente hasta ese momento y podrás paliarlos (o reforzarlos) para progresar. También tendrás que estar en condiciones de ampliar tu área pública, lo que favorecerá la comunicación con el otro.

Guiño del empleado

Tómate tu tiempo para entender lo que te dicen, considera el *feedback* como una herramienta que te permite evolucionar, y no como una condena.

LOS MEJORES CONSEJOS

LAS 12 REGLAS DE ORO

- Crea un clima de confianza tranquilizando a la persona en cuestión. Asegúrate de que entienda que el objetivo del *feedback* es ayudarla, no castigarla.
- Mantente neutro y no emitas ningún juicio.
- Destierra las actitudes negativas y agresivas.
- Procede por etapas: introducción, explicación de los hechos en cuestión, intercambio, elaboración de soluciones.
- Adapta tu *feedback* al interlocutor y a su personalidad para que saque provecho.
- Evita incluir demasiada información y limítate a lo esencial.
- Construye un mensaje claro y preciso.
- Comprueba que se han entendido bien el mensaje y el objetivo.
- Remítete a la acción o a los hechos, no a la persona.
- Escucha y debate con tu interlocutor.
- Acuerda mejoras que se deban efectuar.
- Saca una conclusión positiva, sobre todo animando a tu interlocutor y asegurando que confías en él con respecto a las soluciones acordadas.

PREGUNTAS FRECUENTES

¿EN QUÉ CONSISTE UN *FEEDBACK*?

El *feedback* es la evaluación de un comportamiento o de una acción de una persona, que se emite con el objetivo de que mejore o de que continúe por esa senda. El *feedback* no aporta ningún juicio. Puede ser positivo o negativo —siempre y cuando las críticas sean constructivas—, verbal o no verbal.

¿CUÁNDO DEBO DAR UN *FEEDBACK*?

Los *feedback* deben transmitirse lo más rápidamente posible tras los hechos, para que sean más eficaces. En efecto, si das un *feedback* un mes o más después de los actos, quizás tu interlocutor no se acuerde de algunos detalles que se le reprochan, y no entenderá por qué le hablas de ello. Tampoco es necesario esperar que un comportamiento ocasional merezca ser destacado. Y es que el *feedback* es también una muy buena herramienta de reconocimiento y puede emitirse en cualquier momento para animar a tus empleados.

¿QUÉ TONO DEBO ADOPTAR PARA QUE MI *FEEDBACK* TENGA UNA BUENA ACOGIDA?

Adopta un tono neutro, pero empático. Si te muestras demasiado familiar, quizás tu interlocutor no se tome tus comentarios en serio. Dicho esto, no intentes tampoco ser muy duro, puesto que te arriesgas a que tus comentarios sean vistos de manera negativa.

¿QUÉ ETAPAS DEBO SEGUIR?

Para que tu *feedback* sea constructivo, empieza por prepararlo: avisa a la persona en cuestión y fija un momento con ella. Durante la reunión, crea un clima de confianza, explícale los hechos constatados, pídele su opinión y sus sensaciones para que se sienta implicada. Para acabar, intentad encontrar conjuntamente dos soluciones para mejorar. No olvides tranquilizar a tu interlocutor: un *feedback* no debe convertirse en una fuente de malestar o de miedo.

¿CUÁL ES LA DIFERENCIA ENTRE UN *FEEDBACK* Y UN JUICIO DE VALOR?

El *feedback* se basa en un acto o un comportamiento y de ninguna manera pone en entredicho la personalidad del individuo en cuestión. No debe repercutir de manera nefasta en la autoestima o en la confianza de uno mismo, ni alterar la motivación y la eficacia de tu interlocutor. El objetivo del *feedback* es el de incitar a seguir la vía de la mejora. Por su parte, un juicio es una apreciación, una opinión basada en alguien o en algo, sin que esté obligatoriamente justificada.

¿CUÁLES SON LOS ERRORES QUE NO DEBO COMETER?

- Sobre todo, no hay que mostrarse agresivo ni emitir juicios para evitar que la situación empeore.
- Un *feedback* no se da a toda prisa, al alcance de oídos

malintencionados.

- No lo conviertas en un monólogo que impida que el interlocutor intervenga y exprese su opinión o sus sensaciones. Recordemos que el *feedback* debe ser constructivo, no punitivo. Es necesario evitar las ambigüedades para evitar las malinterpretaciones.
- No bases tu mensaje en la opinión de terceros o en generalidades; da prioridad a la claridad y al carácter irrefutable de los hechos.

NO ACEPTO BIEN LAS CRÍTICAS, ¿CÓMO HAGO PARA RECIBIR CORRECTAMENTE UN *FEEDBACK*?

Para acoger positivamente un *feedback*, muéstrate receptivo y abierto. Escucha con atención lo que el interlocutor desea decirte. No estés a la defensiva, puesto que no sacarás nada positivo. Si hace falta, aporta algunas precisiones y pide aclaraciones sobre los hechos.

LA PERSONA A LA QUE ME DIRIJO ES MUY SUSCEPTIBLE, ¿CÓMO HAY QUE PROCEDER PARA QUE ACEPTE EL *FEEDBACK*?

Si tu interlocutor es muy susceptible, conviene darle confianza y tranquilizarlo acerca del objetivo del *feedback* adoptando un tono neutro, pero empático. Recuérdale que no se trata de una crítica negativa ni de un juicio, sino más bien de un comentario constructivo y ocasional que le permite mejorar. El *feedback* debe proporcionarle la ocasión para tomar conciencia de sus puntos fuertes y débiles, y de su potencial para mejorar. Explícale claramente cuál es el impacto de su comportamiento y tus expectativas, y deja que se exprese para que se sienta escuchado y comprendido. Pídele que proponga puntos de mejora. Si las soluciones las presenta él mismo, serán aceptadas más fácilmente.

MANTENTE POSITIVO

Sé positivo, comprensivo y alentador. Un buen líder es un líder responsable, que anima a su equipo a que evolucione midiendo y recompensando los esfuerzos.

¿CÓMO ME ASEGURO DE QUE MI *FEEDBACK* HA SIDO EFICAZ?

Es necesario realizar un seguimiento de las acciones de mejora definidas con tu interlocutor para asegurarte de que se instaura un proceso de cambio o de evolución. La repercusión del *feedback* se observa a largo plazo.

¿SE PUEDEN TRATAR TODOS LOS TEMAS EN UN *FEEDBACK*?

No todo puede tratarse durante un *feedback*. Por ejemplo, desaconsejamos hablar de la situación personal o de los posibles problemas psicológicos de tu interlocutor. Si lo haces, corres el riesgo de originar un cierto rencor por su parte y, por lo tanto, de empeorar la situación. Además, basarte en elementos de la vida privada de los demás puede llevarte a conclusiones erróneas.

¡AHORA ES TU TURNO!

EJERCICIO 1

Lee y analiza el siguiente *feedback*:

> El JEFE — Buenos días, Paul. Tengo algo que decirle, entre en mi despacho.
> El EMPLEADO — Buenos días, señor director. Sí, por supuesto. ¿Hay algún problema?
> El JEFE —Me he enterado de que su intervención en la reunión de marketing fue inapropiada. Espero que no se vuelva a repetir.
> El EMPLEADO — ¿De qué intervención habla?
> El JEFE — Hablo del comentario que hizo con respecto al nuevo concepto que sus colegas de París han implementado.
> El EMPLEADO — Solo quise mostrarles que había algunos errores...
> El JEFE — El error es la manera en la que usted se ha permitido criticarlos. Ha echado a perder nuestra relación profesional con el equipo inglés. No le voy a dar las gracias por ello. Que no se repita. Ya puede marcharse y volver a su puesto de trabajo.

- ¿De qué tipo de *feedback* se trata?
- ¿Se trata de un *feedback* eficaz? Desarrolla tu respuesta.
- ¿Es apropiada o justificada la actitud del superior jerárquico? Explica tu respuesta.
- ¿Acaba el *feedback* con una nota positiva?
- ¿Cuáles crees que serían los puntos que deberían modificarse para que el *feedback* sea constructivo?

EJERCICIO 2

Tras haber dado un *feedback* a uno de tus empleados, analiza tu reunión completando la tabla que te presentamos a continuación:

	Análisis	Puntos que mejorar
Elección del lugar ¿Neutro o no?		
Elección del momento • Plazo transcurrido tras los hechos constatados • Momento de la jornada		
Situación Breve descripción del motivo y del desarrollo del *feedback*		
Comportamiento Tono y actitud adoptados		
Mensaje • ¿Es claro? • ¿Es corto? • ¿Es preciso? • ¿Se ha entendido?		
Impacto • ¿Se ha expresado? • ¿Cuáles son los objetivos? • ¿Los puntos que deben mejorarse?		
Reacción de tu interlocutor • ¿Estaba receptivo o a la defensiva? • ¿Se ha expresado? • ¿Ha aportado soluciones?		
Evolución • ¿Se ha instaurado un seguimiento? • ¿Piensas que tu *feedback* ha sido útil?		

Tras haber recibido un *feedback*, analiza tu comportamiento completando la tabla que te presentamos a continuación:

	Análisis	Puntos que mejorar
¿Estabas receptivo y abierto?		
¿Estabas a la defensiva? ¿Por qué?		
¿Has escuchado con atención? ¿Has entendido el mensaje?		
En tu opinión, ¿cuál era el objetivo del *feedback*? ¿Lo has entendido? ¿Te lo ha explicado claramente tu interlocutor?		
¿Has pedido precisiones acerca de la situación?		
¿Has propuesto puntos de mejora? ¿Los has implementado?		
¿Se ha terminado el *feedback* con una nota positiva? En caso afirmativo, ¿cuál?		

PARA IR MÁS ALLÁ

FUENTES BIBLIOGRÁFICAS

- "Définition de la fenêtre de Johari de Luft Ingham". *LeDicoDuMarketing.fr*. Consultado el 3 de noviembre de 2016. http://www.ledicodumarketing.fr/definitions/fenetre-de-johari-de-luft-ingham.html
- "La pyramide des besoins de Maslow". 2009. *PsychologueDuTravail.com*. Consultado el 3 de noviembre de 2016. http://www.psychologuedutravail.com/?s=pyramide+de+a
- Noyé, Didier. 2012. *Donner et recevoir du feed-back: la reconnaissance et du recadrage*. París: Julhiet Éditions.
- Stone, Douglas y Sheila Heen. 2014. *Thanks for the feedback: the science and art of receiving a feedback well.* Nueva York: Penguin Group.
- Whitmore, John. 2008. *Le guide du coaching*. París: Maxima.

FUENTES COMPLEMENTARIAS

- Gautier, Bénédicte y Marie-Odile Vervish. 2008. *Le manager coach*. París: Dunod.
- Hourst, Bruno y Thiagi. 2014. *52 conseils à la carte. Donner et recevoir du feedback*. Tarsul: Mieux-Apprendre.
- Pohu, Gilles. 2014. *Feedback. L'harmonie dans les relations*. Salaberry-de-Valleyfield: Marcel Broquet.

en50MINUTOS.es
Historia
Economía y empresa
Coaching
EL DIAGRAMA DE ISHIKAWA
Material Método Máquina
Madre Naturaleza Medida Hombres
LA GUERRA DE PALESTINA DE 1948
DOMINA EL ARTE DEL NETWORKING